Adolfo Pérez Agustí

JENGIBRE

HIERBA DE LONGEVIDAD

Editorial Dilema
Madrid, 2025

© Adolfo Pérez Agustí
© MASTERS Desarrollo Integral de la Persona
© Editorial Dilema, 2025
Ibáñez Marín, 11 - 28019 MADRID
Teléfono: 91 472 9071 y 670367 479
info@editorialdilema.com
www.editorialdilema.com
I.S.B.N. 978-84-9827-710-4
Depósito legal: M-19629-2025

MASTERS Desarrollo Integral de la Persona
tiene número de registro: 1683101 Sección 1

Diseño de colección: María Pérez Aguilera
          mariap.aguilera@gmail.com
Diseño de portada: Esther Hernández
Foto de portada: Té de jengibre y jengibre fresco
          © Toa555 | Dreamstime.com
Maquetación: Carmen Alvear Guallart

El Jengibre es una especia común en la cocina y presente en el Curry, que ha sido considerada como de sabor fuerte y picante, y con frecuencia prohibida por algunos médicos, pero que ahora es objeto de estudios en todo el mundo por sus amplias virtudes terapéuticas.

Suele ser habitual utilizarla junto a la Cúrcuma y la Pimienta negra, del mismo modo que se considera útil unirla al cardamomo. Todas son plantas que tienen componentes beneficiosos en sus rizomas –o raíces– que hacen que sean muy apreciadas en la medicina china tradicional y Ayurveda como hierbas curativas. Sin embargo, el jengibre tiene propiedades, sabores y efectos diferentes.

El objeto de este libro es demostrar que nos encontramos con un elemento culinario de bajo precio, de sabor imprescindible en la cocina y cuyos efectos terapéuticos superan a la mayoría de las plantas medicinales y medicamentos, incluso en enfermedades crónicas y el cáncer.

1

Jengibre
Zingiber officinale

Zingiber officinale (Ginger, en inglés) es más conocido como una especia picante, aromática, llamada jengibre que se produce a partir del rizoma (tallo subterráneo) de la planta. Otras especias de la familia del jengibre (Zingiberaceae) incluyen el cardamomo (Elettaria cardamomum) y la cúrcuma (Curcuma longa).

En la India y Pakistán, el jengibre es en Telugu *Hashi shunti* en Inji *Tamil y Malayalam*, *Inguru* en cingalés, *Alay* en Marathi, y *Aduwa* en Nepal.

Historia

El jengibre es nativo de Asia, donde se ha utilizado como una especia de cocina durante al menos 4.400 años. Llegó a los Estados Unidos después del descubrimiento de América, procedente de la India Oriental, llegando a ser cultivado intensamente, por lo que en 1547 se exportaron 22.053 quintales a Europa.

Se ha mencionado en los antiguos escritos orientales de China, India y Oriente Medio, y ha sido apreciado por sus propiedades aromáticas, culinarias y medicinales.

Después de los antiguos romanos el jengibre fue importado de China hace casi dos mil años, y su popularidad en Europa se mantuvo centrada en la región del Mediterráneo hasta la Edad Media, cuando su uso se extendió a lo largo de otros países.

Aunque era una especia muy cara, debido al hecho de que tenía que ser importada de Asia, existía una gran demanda. En un intento de hacerlo más disponible, los exploradores españoles introdujeron el jengibre en las Indias

Occidentales, México y América del Sur, y en el siglo XVI, estas áreas comenzaron a exportar la hierba a Europa.

Comprada por los griegos y los romanos a los comerciantes árabes, fue una de las primeras especias orientales en llegar a Europa; no obstante, su procedencia intensiva es la India, aunque en la actualidad se cultiva comercialmente en el sur y sureste de Asia, África tropical (especialmente Sierra Leona y Nigeria), América Latina, el Caribe (especialmente Jamaica) y Australia.

Hoy en día, los principales productores comerciales de jengibre incluyen India, Fiji e Indonesia.

Las raíces de las Indias Occidentales se consideran la mejor, aunque también es importado de África, desde nos llegan diversas variedades conocidas en el comercio. El procedente de Jamaica o África es de un color marrón claro con rizoma corto, muy picante, mientras que el *Cochin* tiene un rizoma muy corto, recubierto de color rojo-gris. El jenjibre *Green* es el inmaduro rizoma sin secar.

Botánica

Nombres

Nombre científico: *Zingiber officinale*
Jengibre (europa)
Srngaveram (sánscrito)
Adrak (Hindi, Urdu)
Sont (Hindi, jengibre seco molido)

El nombre botánico de la planta se cree que se deriva del sánscrito *singabera* que significa en árabe y griego "en forma de cuerno". Probablemente recibió su nombre debido a que los rizomas parecen cuernos de venado, una característica física que el jengibre refleja.

Nombres alternativos

African ginger; Black ginger; Jamaican ginger; Zingiber officinale; Africano jengibre; jengibre Negro; jengibre jamaicano.

Familia

Zingiberaceae, en estrecha relación con el Zingiber montanum y zerumbet Zingiber que también se cultivan en la India.

Descripción

Los pseudotallos de hasta 1,2 m de altura, surgen cada año a partir de yemas en el rizoma y se forman a partir de una serie de bases de las hojas.

El jengibre es una raíz perenne que se arrastra y aumenta de tamaño bajo tierra, y en la primavera sale una caña verde, como un tallo, de 2 metros de altura, con hojas lanceoladas estrechas, los cuales mueren al año.

El **tallo** floral se eleva directamente desde la raíz, que termina en una espiga alargada en forma de concha de peregrino, y en cada punta sale una flor de color blanco o amarillo.

Los **vástagos** verticales brotan del rizoma en la base de la planta y sobresalen unos 12 centímetros por encima del suelo con largas y estrechas hojas acanaladas, verdes, y flores blancas o verde amarillento.

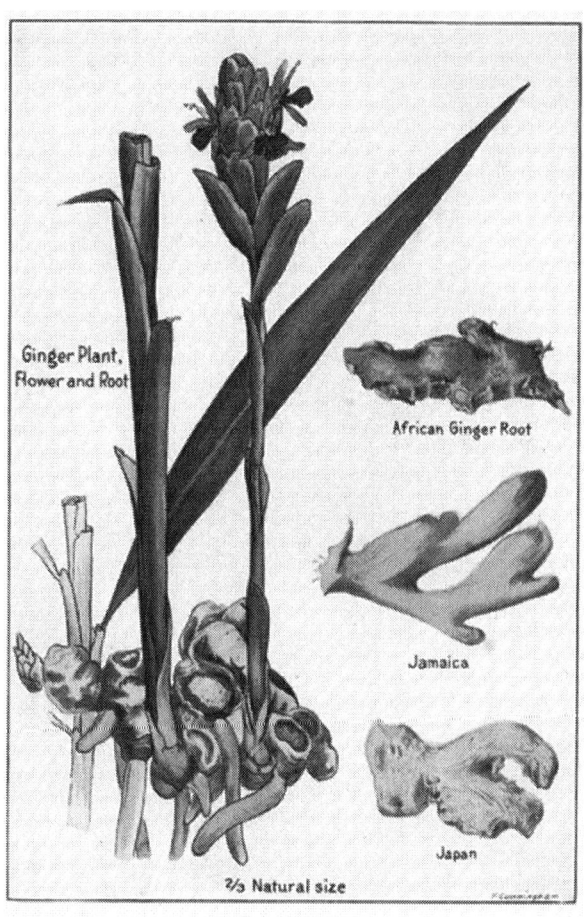

Ginger Plant, Flower and Root

African Ginger Root

Jamaica

Japan

⅔ Natural size

El jengibre tiene un distintivo engrosado, un **rizoma** ramificado (tallo subterráneo), que a veces se parece un poco a una mano hinchada. Es la parte nudosa y carnosa, cubierta de cicatrices en forma de anillo. Esta es la parte importante del alimento y donde están sus propiedades medicinales. Aunque crecen bajo tierra, son tallos hinchados, no raíces y la razón por lo cual el jengibre fresco se refiere a menudo como "jengibre vástago".

Este rizoma tiene una capa de corcho marrón exterior (que generalmente se retira antes de su uso, aunque no es imprescindible), un centro de color amarillo pálido y un olor a limón picante. La carne del rizoma puede ser de color amarillo, blanco o rojo, dependiendo de la variedad, de textura estriada y un sabor que es aromático, picante y caliente.

La capa exterior puede ser o bien gruesa o delgada, dependiendo de si la planta se recogió cuando era madura o joven.

Sobresaliendo justo más allá del borde exterior de las brácteas, las **flores** son de color amarillo pálido con un borde morado que tiene puntos de color amarillento y estrías. Los tallos florales, casi nunca se producen en las plantas cultivadas.

Las cabezas de las flores, soportadas sobre tallos más cortos, tienen forma de cono y su color va desde el verdoso al amarillento y al rojo.

Las **espigas** de las flores brotan directamente de los rizomas y son de aproximadamente 30 cm de largo. Algunas flores son de color púrpura con una base crema.

Las **frutas** son de color rojo y cada una tienen tres cámaras que contienen varias semillas negras pequeñas. Las plantas de jengibre que se cultivan en plantaciones comerciales no suelen dar sus frutos.

El **olor** del jengibre es aromático, su **sabor** picante, caliente y penetrante; pero estas propiedades se pierden con el tiempo.Se le suele mezclar con harina, cúrcuma, semillas de lino, colza, pimienta de cayena y residuos de jengibre viejos.

La raíz se considera la parte más útil de la planta, y no debe utilizarse cuando tiene menos de un año. El pelado puede hacer perder sus aceites volátiles y a veces se sumerge en zumo de lima en lugar de agua del grifo, y el color se mejora por un recubrimiento final.

Componentes bioactivos

El jengibre es rico en componentes bioactivos, como compuestos fenólicos y terpénicos. Los compuestos fenólicos del jengibre son principalmente gingeroles, shogaoles y paradoles. En el jengibre fresco, los gingeroles son los principales polifenoles, como el 6-gingerol, el 8-gingerol y el 10-gingerol.

Mediante tratamiento térmico o almacenamiento prolongado, los gingeroles pueden transformarse en los correspondientes shogaoles. Tras la hidrogenación, los shogaoles pueden transformarse en paradoles. El jengibre también contiene muchos otros compuestos fenólicos, como la quercetina, la zingerona, la gingerenona-A y la 6-deshidrogingerdiona. Además, el jengibre contiene varios componentes terpénicos, como el β-bisaboleno, el α-curcumeno, el zingibereno, el α-farneseno y el β-sesquifelandreno, que se consideran los principales componentes de los aceites esenciales de jengibre. Además, el jengibre también contiene polisacáridos, lípidos, ácidos orgánicos y fibras crudas.

En total, se han aislado más de 100 compuestos del jengibre. Específicamente, las principales clases de compuestos del jengibre son el gingerol, los shogaoles, el zingibereno y la zingerona, así como otros compuestos menos comunes, como terpenos, vitaminas y minerales. Entre ellos, los gingeroles se consideran los componentes principales y se informa que poseen varias bioactividades.

Como resultado, se han explorado muchas actividades biológicas relacionadas, como las antioxidantes, antimicrobianas y antineuroinflamación, solo por nombrar algunas. Además, en los últimos años, el papel del jengibre se ha extendido a la lucha contra el cáncer, las náuseas y los vómitos inducidos por quimioterapia (CINV) y la fatiga, así como a las mejoras en la calidad de vida en el trabajo humano diario.

La destilación del jengibre en polvo produce aceite de jengibre, que contiene una alta proporción de sesquiterpenos hidrocarbonados, predominantemente zingiberene.

No obstante, los principales compuestos picantes del jengibre, están en los gingeroles que se convierten en shogaoles, zingerona, y paradol.

El compuesto 6-gingerol parece ser responsable de su sabor característico.

El zingerone y los shogaoles se encuentran en pequeñas cantidades en el jengibre fresco y en mayores cantidades en los productos secos o extractos.

El jengibre no es un alimento comúnmente alergénico y no contiene cantidades mensurables de oxalatos o purinas.

Esta planta herbácea, en resumen, se ha utilizado ampliamente como aromatizante y como medicina herbal durante siglos. Además, el consumo del rizoma de jengibre es un remedio tradicional típico para aliviar problemas de salud comunes, como dolor, náuseas y vómitos. En particular, se han realizado varios ensayos clínicos aleatorizados (ECA) para examinar el efecto antiemético del jengibre en diversas afecciones, como mareos por movimiento, embarazo y posanestesia.

Composición detallada:

Peso total analizado: 6.00 g	
Componentes básicos	
Calorías	4.80
Calorías derivadas de la grasa	0.41
Calorías de grasa saturada	0.11
Proteínas	0.11 g
Hidratos de carbono	1.07 g
Azúcar - total	0.10 g
Otros carbohidratos	0.84 g
Grasa total	0.05 g
Grasa saturada	0.01 g
Grasa monosaturada	0.01 g
Ácidos grasos trans	0.00 g
Colesterol	0,00 mg
Agua	4.73 g
Vitaminas	**Cantidad**
Vitamina A IU	0.00 IU
Niacina - B3	0,05 mg
Equiv niacina	0,06 mg
Vitamina B6	0,01 mg
Vitamina C	0,30 mg
Vitamina E alfa tocoferol	0,02 mg
Ácido fólico	0,66 mcg
Vitamina K	0,01 mcg
Ácido pantoténico	0,01 mg

Minerales y oligoelementos	Cantidad
Calcio	0,96 mg
Cobre	0,01 mg
Hierro	0,04 mg
Magnesio	2,58 mg
Manganeso	0,01 mg
Fósforo	2,04 mg
Selenio	0,04 mcg
Sodio	0,78 mg
Zinc	0,02 mg
Otros nutrientes	**Cantidad**
16:0 Palmítico	0.01 g
Oleico 18:01	0.01 g
Linoleico 18:02	0.01 g
Omega-6 ácidos grasos	0.01 g
Colina	1.73 mg

Cultivo

El Jengibre probablemente se originó como parte de la flora del suelo de los bosques tropicales de tierras bajas, donde podemos encontrar todavía a especies silvestres. Su cultivo requiere agua caliente, ambientes húmedos y sombreados y crece mejor en un suelo muy fértil, ya que necesita una gran cantidad de nutrientes.

Los esquejes se colocan en una olla poco profunda con una mezcla de fibra de coco y perlita, dentro de una vitrina cerrada, que se calienta a 20 °C hasta que salen las raíces y los brotes nuevos. La técnica tradicional para la propagación de jengibre es por división.

Cómo seleccionar y almacenar

Siempre que sea posible, hay que elegir jengibre fresco mejor que la forma seca, ya que no sólo es superior en sabor, sino que contiene mayores niveles de gingerol, así como *proteasa* (un compuesto antiinflamatorio).

Cuando se compra raíz de jengibre fresco, hay que asegurarse de que esté firme, suave y libre de moho. Generalmente se encuentra disponible en dos formas, ya sea joven o maduro. El maduro, el tipo más ampliamente disponible, tiene una piel dura que requiere ser pelada mientras que el jengibre joven, por lo general sólo está disponible en los mercados asiáticos, y no es necesario quitar la piel.

Hay que guardar los rizomas de jengibre *fresco* en un lugar fresco, oscuro y seco (también las cápsulas o el polvo). El jengibre fresco puede ser almacenado en el refrigerador hasta tres semanas si se deja sin pelar. Almacenado sin pelar en el congelador, se mantendrá durante un máximo de seis meses.

El Jengibre en *polvo* debe guardarse en un recipiente de vidrio bien cerrado en un lugar fresco, oscuro y seco. Alternativamente, se puede almacenar en el refrigerador, donde se podrá disfrutar de una larga vida útil de aproximadamente un año.

Para preparar una *infusión*, se corta un cubo de 5 centímetros de rizoma en rodajas y se cocina a fuego lento durante 10 minutos, cubriendo la olla durante la cocción para retener la mayor cantidad posible de componentes volátiles.

Se retiran las rodajas para su consumo y se bebe el líquido tres veces al día, una antes de cada comida.

Las *cápsulas* de jengibre también son otra presentación habitual. Se deben tomar unos 2.000 miligramos tres veces o más al día con o sin comida. Si se consume poca cantidad o de modo esporádico, no se obtendrán todos los beneficios.

Utilización diversa

El aromático rizoma del *Zingiber officinale* es la fuente del jengibre y en Asia el tallo fresco es un ingrediente esencial de muchos platos, mientras que la sal seca, en polvo, es más popular en la cocina europea. El *Gingerbread*, por ejemplo, una de las aplicaciones más populares para el jengibre en Gran Bretaña, se remonta a la época anglosajona en donde empleaban el jengibre en conserva (producido por la ebullición del rizoma en jarabe de azúcar), a menudo con fines medicinales. Otros nombres populares son *el pain d'épecies* y el alemán *Lebkuchen*.

Todos ellos presentan un alimento condimentado con jengibre, miel y melaza, con textura de suave pastel, un pan húmedo o una galleta.

En el resto del mundo las variedades son enormes y nos encontramos con el *pepperkaker* noruego y sueco, el *brunkaker* danés, el *piparkakut* de Finlandia, y el *piparkoogid* de Estonia.

Todas estas formas son galletas finas que se consumen en Navidad, y algunas se emplean para decorar ventanas.

En Suiza es conocido como *biber*, un pan relleno de mazapán, en Holanda y Bélgica como *peperkoek* y que supone un buen desayuno en forma de rebanadas gruesas con mantequilla, mientras que el pan de jengibre *Torun* es producido desde la Edad Media por los polacos.

Finalmente, en Rumanía se denomina *Turta dulce*, glaseado con azúcar, y en Brasil se conoce como *pão de mel* ("pan de miel"), tan grande como un pastel de café y cubierto con chocolate. En algunos países se emplea el aceite de jengibre, la oleorresina, para la cerveza con sabor a jengibre y como un ingrediente en productos de perfumería, cosméticos y medicamentos.

El jengibre comercial se llama negro o blanco, dependiendo de si está pelado o sin pelar, empleando ambos tipos de raíces maduras. La variedad negra se escalda en agua hirviendo, y luego se seca al sol.

El *blanco* (el mejor) se raspa, se limpia y seca. Para preservar las raíces jóvenes verdes se lavan en agua fría y luego se pelan. El agua se cambia varias veces, de modo que el proceso lleva tres o cuatro días. Los tubérculos se ponen entonces en frascos y se cubren con un jarabe débil, cambiándola después de unos días para lograr un jugo más fuerte, que se cambia de nuevo para hacerlo más fuerte. Algunos jarabes se fermentan y se convierten en un licor llamado 'bebida fría'; al que se añade cloruro para evitar que los insectos se reproduzcan en él.

El jengibre fresco *rallado chino* se comercializa en polvo, siendo el jengibre Cochin el que tiene más resina y aceite volátil. La raíz se debe guardar en un lugar seco, pues puede comenzar a crecer y se echa a perder.

Formas disponibles

El jengibre se puede consumir como raíz fresca o seca, o por la destilación de vapor del aceite en la raíz. También lo podemos encontrar en extracto, tintura, cápsulas, y aceites. La raíz fresca del jengibre también puede ser preparada como un té. Como especia de cocina se puede añadir a la mayoría de los platos, ensaladas y guisos.

Consejos para cocinar

Para quitar la piel del jengibre fresco maduro emplee un cuchillo de cocina y puede cortarlo, picarlo o en juliana. El sabor que imparte jengibre a un plato depende de cuándo se añade durante el proceso de cocción. Añadido al principio, prestará un sabor más sutil, mientras que añadido casi al final, un sabor más picante.

Se puede hacer una limonada de jengibre, simplemente combinando jengibre recién rallado, zumo de limón, miel y agua.

Añadir a sus platos de arroz jengibre rallado, semillas de sésamo y tiras de algas en la parte superior.

Combine jengibre, salsa de soja, aceite de oliva y ajo para hacer un aderezo de ensalada.

Añada jengibre y zumo de naranja al puré de patatas.

Agregue jengibre rallado en el interior de las manzanas al horno.

Añada jengibre recién picado a las verduras salteadas.

Mundialmente hay numerosas aplicaciones culinarias para el jengibre, entre ellas:

En Birmania, se consume rallado en ensalada, con aceite, frutos secos y semillas.

En Indonesia, se elabora una bebida con azúcar de palma.

En Malasia, se añade a las sopas.

En Filipinas, se hace una cerveza llamada *salabat*.

En Vietnam, se utilizan las hojas picadas para mezclar con camarones y ñame.

En China, se emplea con el pescado y la carne, así como en los dulces confitados y como infusión para los catarros.

CAPÍTULO

Propiedades medicinales del jengibre

Históricamente, el jengibre tiene una larga tradición de ser muy eficaz en el alivio de los síntomas de malestar gastrointestinal. En la medicina herbal, es considerado como un excelente carminativo (que promueve la eliminación de los gases intestinales) y espasmolítico intestinal (que relaja y alivia el tracto intestinal).

Tradicionalmente, ha sido utilizado por las medicinas antiguas de la India y Asia, y la gran cantidad de aplicaciones puede dar lugar al escepticismo.

La investigación científica moderna ha revelado que el jengibre posee numerosas propiedades terapéuticas, incluyendo efectos antioxidantes y la capacidad de inhibir la formación de compuestos inflamatorios, entre otros muchos efectos.

Puesto que la medicina química intenta ser selectiva, tratando una enfermedad o un síntoma, la medicina natural que es holística (trata al enfermo, no la enfermedad) aporta una larga serie de utilidades a cualquiera de sus productos. Esto se debe a la gran complejidad bioquímica de los alimentos y plantas medicinales, en comparación con las sencillas moléculas de los medicamentos.

Además y esto es importante resaltarlo, los productos naturales al ser biológicos conservan íntegra su información, mientras que los medicamentos carecen de ella. El organismo humano, por tanto, reconoce lo que le es propio, y lo incorpora rápidamente al sistema orgánico. Se estable una simbiosis y no un rechazo.

Dosis

Dosis recomendada:

2 cápsulas de jengibre

90 gotas líquidas

1/2 cucharadita de polvo de raíz de jengibre.

Tomarlo veces 3 veces al día o cada cuatro horas según sea necesario.

Las dosis estandarizadas de 2.000 mg contienen 4% de aceites volátiles o un 5% del total de compuestos picantes incluyendo 6-gingerol o 6 shogaol.

Para las náuseas, gases o indigestión: 2 - 4 gramos de raíz fresca a diario (0,25 - 1,0 g de raíz en polvo) o 1,5 a 3,0 ml (30 - 90 gotas) de extracto de líquido al día.

Para prevenir los vómitos, tomar 1 gramo de jengibre en polvo (1/2 cucharadita) o su equivalente, cada 4 horas según sea necesario (no más de 4 dosis al día), o 2 cápsulas de jengibre (1 gramo), 3 veces al día. También se puede masticar un pedazo de jengibre fresco cuando sea necesario.

Para los vómitos de embarazo usar 250 mg 4 veces al día durante un máximo de 4 días. Las mujeres embarazadas no deben tomar más de 1 g por día.

Uso Pediátrico:

No debe darse a los niños menores de dos años.

En adultos, no es necesario tomar más de 4 g de jengibre por día, incluyendo el que procede de los alimentos.

Para el dolor de la artritis: 250 mg 4 veces al día.

Actividad antioxidante

Se sabe que la sobreproducción de radicales libres, como las especies reactivas de oxígeno (ROS), desempeña un papel importante en el desarrollo de muchas enfermedades crónicas. Se ha informado que diversos productos naturales poseen potencial antioxidante, como verduras, frutas, flores comestibles, cereales, plantas medicinales e infusiones de hierbas.

Diversos estudios han demostrado que el jengibre también posee una alta actividad antioxidante.

Ensayos

Múltiples ensayos evaluaron la efectividad de la suplementación con jengibre en la reducción de síntomas en pacientes con cáncer, así como en dismenorrea. Además, se han completado varias revisiones sistemáticas y meta-análisis que que tuvieron como objetivo evaluar la efectividad clínica del jengibre. En particular, en un ensayo de la ingesta oral de jengibre encontraron que el jengibre podría controlar eficazmente el dolor menstrual en la dismenorrea. Otro estudio reveló que el jengibre mejoró los perfiles lipídicos y benefició el control de la glucosa, la sensibilidad a la insulina y la hemoglobina glucosilada de la diabetes mellitus tipo 2. Además, se ha propuesto regularmente la potencia del jengibre en casos de artritis, disfunción gástrica y cánceres.

En comparación con el placebo, la terapia de suplementación con jengibre puede mejorar la calidad de vida relacionada con las náuseas inducidas por la quimioterapia y aliviar los vómitos y la fatiga causados por la quimioterapia, reduciendo significativamente la frecuencia de las náuseas.

En uno de los ensayos se indicó que tomar 1g de jengibre durante cinco días desde el primer día de quimioterapia aliviaba las náuseas y los vómitos moderados a leves.

En pacientes adultos con cáncer, una dosis diaria de 0,5 a 1,0 g de jengibre fue útil para aliviar la gravedad de las náuseas agudas inducidas por la **quimioterapia.**

El grupo de tratamiento con jengibre disminuyó los **vómitos** en las fases anticipatoria, aguda y tardía de los pacientes que recibieron quimioterapia.

Otro estudio demostró que tomar 4 g de jengibre puede promover la **recuperación de la fuerza muscular** después de ejercicio intenso, pero no tiene efecto sobre los indicadores de daño muscular o dolor muscular de aparición tardía.

La suplementación con jengibre redujo significativamente el **nivel de azúcar** en sangre en ayunas, la variación media de HbA1C y la relación LDL/HDL.

Se encontró un pequeño efecto beneficioso de la suplementación con jengibre en polvo con respecto a mejorar el indicador de obesidad bioquímica y la **pérdida de peso.**

En pacientes con **osteoartritis de rodilla,** el TNF-αNF-m IL-1β sérico disminuyó en ambos grupos, con un nivel más bajo en el grupo de jengibre que en el grupo placebo.

También se demostró que el jengibre podría mejorar la **artritis reumatoide** activa.

Otros efectos:

El tratamiento con jengibre redujo significativamente la pérdida de **sangre menstrual** durante tres intervenciones.

El tratamiento con jengibre aumentó significativamente el **volumen de leche** al tercer día, en comparación con el grupo placebo.

Al inicio del **embarazo**, el consumo de jengibre tuvo un mayor efecto en el alivio de la intensidad de las náuseas que el consumo de vitamina B6.

En cuanto a la experiencia de náuseas y arcadas, el grupo del jengibre tuvo significativamente menos náuseas inducidas por el embarazo que el grupo placebo.

El tratamiento con jengibre mostró un alivio significativamente mayor de la hiperémesis con deshidratación que un placebo.

Además, en el embarazo un extracto de jengibre puede considerarse una terapia segura y una alternativa eficaz para la reducción de las náuseas y los vómitos sin efectos adversos graves o serios, sin los efectos secundarios de los medicamentos.

El jengibre combinado con ondansetrón (reductor de la serotonina) puede ser más útil para el tratamiento de las náuseas y vómitos posoperatorios controlados que el ondansetrón solo.

Para aliviar el dolor en mujeres con **dismenorrea** primaria, el jengibre fue comparable al ácido mefenámico y al ibuprofeno y, nuevamente, sin efectos teratogénicos.

Hubo diferencias en el dolor después de la administración en los grupos de jengibre y sulfato de zinc, y cuando se comparó con los grupos placebo, se demostró que fue eficaz en ambos grupos.

No obstante una dosis única de 2 g de jengibre no atenuó el dolor, la inflamación ni la disfunción muscular inducidos por el ejercicio excéntrico a los 45 minutos de su ingestión. Se necesitaba continuidad para que fuera eficaz.

Sin embargo, el jengibre podría atenuar la progresión diaria del **dolor muscular.**

Si el dolor era por lesión tomar jengibre crudo y tratado térmicamente ayudaba a reducir el efecto doloroso de forma más intensa.

Dos gramos de extracto de jengibre pueden ayudar a reducir la proliferación del epitelio colorrectal de aspecto normal, así como aumentar la apoptosis y la diferenciación en relación con la proliferación de los pólipos, especialmente en la zona de diferenciación de las criptas en el **cáncer colorrectal** (CCR). Además, se considera seguro para personas con alto riesgo de padecer este tipo de cáncer.

El tratamiento con jengibre puede ayudar a reducir los niveles de eicosanoides al inhibir la síntesis de ácido araquidónico. El tratamiento de extracción de raíz de jengibre en personas con alto riesgo de CCR durante 28 días redujo significativamente el riesgo en la mucosa colónica normal de ácido araquidónico y aumentó significativamente el LTB4, pero otros eicosanoides fueron ineficaces. Estos elementos se originan a partir de la oxidación de los ácidos grasos omega-3 y omega-6.

El jengibre es una hierba estimulante y antiinflamatoria y numerosos estudios se han realizado comparando el jengibre con la aspirina para **aliviar el dolor**.

Pronto se demostró que no sólo el jengibre requiere una dosis menor para el alivio del dolor mismo, sino que lo hace sin efectos secundarios.

Un estudio habló de la actividad **antimicrobiana** del Zingiber Officinale por su contenido en alcaloides, saponinas, taninos, flavonoides y terpenoides. Su actividad fue probada contra nueve microorganismos que causan varias enfermedades en el ser humano.

Las propiedades **antiinflamatorias** del jengibre han sido conocidas y estimadas durante siglos. El descubrimiento original de los efectos inhibitorios de jengibre en la biosíntesis del **prostaglandinas** en los años 1970s ha sido repetidamente considerado, con una eficacia similar a los medicamentos no esteroideos.

El jengibre es tan concentrado en sustancias activas, que no es necesario usar mucho para recibir sus efectos beneficiosos, aunque las personas que lo consumían frecuentemente manifestaron un alivio más rápido y mejor.

CAPÍTULO 3

Efectos más notorios

Anticoagulante

La mezcla del jengibre con extractos acuosos de cebollas y ajo, disminuyeron la agregabilidad plaquetaria. Por ello, no debe unirse a los medicamentos anticoagulantes, aunque pueden sustituirlos con cierta ventaja, pues no impide la formación de vitamina K2.

Antiemético

Se ha demostrado que posee potentes propiedades antieméticas y se ha comparado con fármacos estándar utilizados en la lucha contra las náuseas y los vómitos. Estos medicamentos previenen o reducen las náuseas y los vómitos, siendo el más popular la metoclopramida.

Como efectos secundarios pueden ocasionar leve ansiedad, depresión, nerviosismo o insomnio, e incluso síntomas más graves como confusión, desorientación y alucinaciones. Por su acción antidopaminérgica puede ocasionar trastornos extrapiramidales.

De 16 ensayos, ocho demostraron el efecto positivo del tratamiento con jengibre en la prevención y alivio de CINV (**náuseas y vómitos por quimioterapia**). Se informó que el jengibre mejoró significativamente la calidad de vida en el grupo de pacientes con CINV que habían recibido el primer ciclo de quimioterapia moderada a altamente emetógena en comparación con el placebo. Además, el jengibre redujo eficazmente CINV agudo y tardío tanto en niños como en adultos.

Las náuseas y vómitos del embarazo (NVP), también llamadas **hiperémesis gravídica** en casos graves, son un síntoma común en mujeres embarazadas y pueden causar deficiencia nutricional. Se realizaron 14 ensayos clínicos sobre el efecto aliviador del jengibre en las NVP. Ocho estudios investigaron el efecto antiemético del jengibre comparándolo con un grupo placebo, revelando efectos significativos en el grupo de tratamiento con jengibre, además de una ausencia de efectos teratógenos perjudiciales en el feto.

Simultáneamente, el jengibre mostró un efecto similar en comparación con otros grupos de medicamentos, como la vitamina B6 (piridoxina), los antihistamínicos o la metoclopramida.

Sin embargo, un estudio concluyó que el jengibre es más eficaz para aliviar la gravedad de las náuseas en comparación con la vitamina B6.

En un estudio doble ciego aleatorizado y controlado con placebo entre 120 mujeres participantes con menos de 20 semanas de embarazo, que habían experimentado la enfermedad diariamente al levantarse, se asignaron aleatoriamente 125 mg de extracto de jengibre (equivalente a 1,5 g de jengibre seco) o el placebo cuatro veces al día durante 4 días.

Las náuseas fueron significativamente menores para el grupo del extracto de jengibre con relación al grupo placebo después del primer día de tratamiento y esta diferencia estuvo presente en cada día de tratamiento. Las arcadas también se redujeron con el extracto de jengibre, aunque en menor medida. No se observó ningún efecto significativo sobre los vómitos. En la clasificación de la FDA es considerado como "generalmente seguro".

Finalmente, los investigadores examinaron principalmente el efecto del jengibre y demostraron su beneficio en la prevención de náuseas y vómitos inducidos por un **régimen antirretroviral** o VIH.

La eficacia en el **mareo por movimiento** y el vértigo también se examinó en varios estudios, con resultados que indicaron diferentes aspectos entre los estudios. En estos casos, se puede utilizar como preventivo o curativo.

Antiinflamatorio

El jengibre basa sus mejores efectos en el control de los procesos inflamatorios, que es una causa significativa subyacente de muchas enfermedades. La inflamación es la respuesta natural del cuerpo para la curación de una enfermedad o lesión, y su dolor, enrojecimiento, calor e hinchazón son intentos de evitar el movimiento de un área dañada mientras está siendo reparada. La inflamación desaparece a medida que el cuerpo se cura. Sin embargo, en algunas enfermedades, incluyendo artritis, diverticulosis, inflamación de la vesícula biliar y enfermedad cardíaca, la inflamación no desaparece. Se convierte en crónica y conduce a muchos otros problemas.

Un estudio publicado en noviembre de 2003 en la revista Life Sciences, sugiere que al menos una de las razones de los efectos beneficiosos del jengibre es la protección de los radicales libres que ofrece uno de sus constituyentes fenólicos activos, el 6-gingerol. In vitro (análisis en laboratorio), el 6-gingerol ha demostrado inhibir significativamente la producción de óxido nítrico, una molécula de nitrógeno altamente reactiva que se forma rápidamente. Otro estudio que apareció ese mismo año demostró que no sólo impide un aumento de daño por los radicales libres de los lípidos, sino que también atenúa considerablemente el agotamiento de las reservas de glutatión, uno de los antioxidantes más importantes producidos por el cuerpo.

En general, ocho estudios controlados informaron el efecto antiinflamatorio de la suplementación con jengibre. Entre ellos, las enfermedades relacionadas con la artritis fueron los estudios más realizados, particularmente la **osteoartritis** (OA). Con respecto a la OA, seis estudios investigaron la eficiencia de los componentes del jengibre que sirven como agentes antiinflamatorios. Todos los estudios informaron una mejoría después de la ingesta de jengibre en comparación con el grupo de control. Otros estudios mostraron un beneficio prometedor del jengibre en el alivio del dolor en pacientes con OA. Además, no se observaron efectos adversos significativos durante los ensayos.

Un estudio adicional que evaluó los efectos del jengibre en la **artritis reumatoide,** demostró una mejoría. Se informó que la suplementación con jengibre solo y combinado con tratamiento antituberculoso ayudó significativamente a disminuir los niveles del factor de necrosis tumoral (TNF) alfa, ferritina y malondialdehído (MDA) en comparación con el grupo de control.

En febrero de 2005 se realizó una investigación que demostró que el jengibre suprime los compuestos pro-inflamatorios (citocinas y quimiocinas) que actúan sobre los sinoviocitos (células que comprenden el revestimiento sinovial de las articulaciones), condrocitos (células que comprenden cartílago articular) y leucocitos (células inmunes).

Los *gingeroles* explican por qué tantas personas con osteoartritis o artritis reumatoide experimentan reducciones en sus niveles de dolor y la mejora de su movilidad cuando consumen jengibre regularmente.

En dos estudios clínicos con pacientes que habían respondido a los medicamentos convencionales y aquellos que no lo hicieron, los médicos encontraron que el 75% de los pacientes con artritis y el 100% de los pacientes con inflamaciones diversas, lograron con el jengibre alivio del malestar muscular, en el dolor y / o hinchazón.

El jengibre es particularmente útil en el tratamiento de la inflamación crónica debido a que inhibe parcialmente dos enzimas importantes que juegan un papel en la inflamación –la ciclooxigenasa (COX) y la 5-lipoxigenasa (LOX).

Mientras que los fármacos antiinflamatorios bloquean la COX más fuertemente, no afectan a la LOX y por lo tanto sólo resuelven parte del problema.

Aún peor, los antiinflamatorios no esteroideos pueden causar efectos secundarios, tales como úlceras, ya que también bloquean los efectos beneficiosos que la COX tiene en el tracto digestivo, incluyendo la protección del estómago. El jengibre, por el contrario, **no causa irritación del estómago**, sino que ayuda a proteger y sanar el intestino. También trata una gama más amplia del problema inflamatorio debido a que afecta tanto a la COX como a las enzimas LOX. Y debido a que no se cierra por completo el proceso inflamatorio, el jengibre puede en realidad permitir que funcione correctamente.

Durante los últimos 25 años el descubrimiento inicial de los efectos inhibidores del jengibre sobre la biosíntesis de **prostaglandinas** en la década de 1970 se ha confirmado en repetidas ocasiones. Las prostaglandinas desempeñan un papel importante regulando diversos aspectos de la función renal, como son la excreción de agua y electrólitos, pero favorecen las inflamaciones.

Una de las características de la inflamación es que aumenta la oxigenación del ácido araquidónico, que conducen a la producción de prostaglandinas. La PGE2 y el LTB4 se consideran mediadores importantes de la inflamación.

Se sugiere que al menos uno de los mecanismos por los que el jengibre muestra sus efectos de mejora, podría estar relacionado con la inhibición de la biosíntesis de leucotrienos y prostaglandinas, es decir, funciona como un inhibidor dual de la biosíntesis de eicosanoides.

Antioxidante

Sabemos que los antioxidantes ayudan a prevenir las enfermedades crónicas y a retrasar el proceso de envejecimiento.

Respecto al jengibre, no solamente aporta elementos antioxidantes (gingerol, shogaol, los flavonoides, los taninos y los paradoles), sino que también aumenta la producción interna del cuerpo de antioxidantes.

Calentador del cuerpo

Tradicionalmente se le considera el "calentador del cuerpo", capaz de producir calor corporal y mejorar las extremidades frías, aumentando el rubor en la tez pálida, y fortalecer el cuerpo después de una pérdida de sangre.

El jengibre no sólo se usa para entrar en calor en un día frío, sino que puede ayudar a promover una sudoración saludable, que a menudo es útil durante los resfriados y gripes.

Un buen sudor puede hacer mucho más que simplemente ayudar a la desintoxicación. Sabemos que el sudor contiene un potente agente para combatir los gérmenes que ayuda a combatir las infecciones.

Los investigadores que han aislado el gen responsable del sudor y la proteína que lo produce, le han mencionado como *dermicidin*.

Este elemento es fabricado en las glándulas sudoríparas del cuerpo, y excretado por el sudor y transportado a la superficie de la piel donde proporciona protección contra los microorganismos invasores, incluyendo bacterias como E. coli, Staphylococcus aureus y hongos, incluyendo Candida albicans.

Circulación

Se ha encontrado que es beneficioso en la reducción de la agregabilidad de las plaquetas que conduce a enfermedades de la arteria coronaria, mientras que no tiene efecto sobre los lípidos sanguíneos o el azúcar de la sangre. Una dosis única de 10 g de jengibre en polvo, redujo significativamente la agregación plaquetaria.

Complicaciones diabéticas

A una dosis de 500 mg / kg, el jengibre crudo fue significativamente eficaz en reducir la glucosa en suero, los niveles de **colesterol** y los triglicéridos. El tratamiento también resultó en una reducción significativa en los niveles de proteína en la orina. Además, contribuyó a mantener el peso corporal.

El jengibre crudo posee un potencial de hipoglucemia, hipocolesterolemia e hipolipemiante, siendo eficaz para invertir la proteinuria diabética. Por lo tanto, puede ser de gran valor en el manejo de los efectos de las complicaciones diabéticas.

Efectos cardiovasculares

Muchos médicos recomiendan una ingesta diaria de aspirina para evitar la obstrucción de las arterias y reducir el número de situaciones potencialmente mortales como resultado de este problema, el cual causa la mitad de todas las muertes en los Estados Unidos anualmente. Cuando hay un exceso de plaquetas que generan tromboxanos, se produce un aumento en la viscosidad de la sangre y la agregación que conduce a la coagulación potencialmente letal.

El tromboxano TXA2 actúa como un potente agregante plaquetario (el mayor descubierto hasta ahora) y vasoconstrictor, el cual a su vez se transforma en el tromboxano B2, que es inactivo, pero más estable que el anterior. Su principal función biológica es participar en la hemostasia (coagulación y agregación plaquetaria). También es broncoconstrictor. Las plaquetas, a su vez, son ricas en la enzima tromboxano sintetasa y producen una cantidad elevada de tromboxano A2.

La efectividad de la aspirina para impedir la coagulación súbita, es controvertida y no exenta de peligros, especialmente hemorragias y úlceras gástricas. Es muy posible que sus beneficios no superen a un inconvenientes y las últimas estadísticas demuestran lo inapropiado de una terapia prolongada o de por vida con este medicamento.

Parece demostrado que quienes la consumen tienen una tasa de mortalidad más alta, más úlceras sangrantes, molestias en las articulaciones y una disminución potencialmente peligrosa del sistema inmunológico.

Hay hospitales que, conscientes de ello, animan a todos sus pacientes a tomar media cucharadita de jengibre al día. Esto es porque el jengibre inhibe la enzima que provoca el engrosamiento de la sangre del mismo modo que lo hace la aspirina, y lo hace de forma natural sin el efecto secundario de la aspirina.

Este alimento tiene un beneficio adicional para el sistema circulatorio, e incluso superior a otros fármacos cardiovasculares modernos. Una clínica de cardiología en un hospital israelí recomienda a todos sus pacientes tomar 1/2 cucharadita de jengibre al día en lugar de aspirina, por sus efectos curativos sobre el sistema circulatorio, incluso trascendiendo el potencial de muchos fármacos cardiovasculares modernos.

Para las pruebas clínicas se empleó el rizoma seco y pulverizado disuelto en metanol y etanol.

Un grupo de investigadores de la Escuela de Medicina de Cornell publicó un artículo en el New England Journal of Medicine en 1980 para confirmar que el jengibre inhibía completamente el proceso potencialmente peligroso para la vida de la agregación plaquetaria.

A causa de los muchos componentes de jengibre, ofrece características sinérgicas cardiovasculares con efectos antioxidantes que incluyen el fortalecimiento del músculo cardíaco y la reducción del colesterol sérico al interferir en su biosíntesis.

Adicionalmente, el jengibre puede tener propiedades aparentemente contradictorias, pues puede ser eficaz en el estreñimiento y en la diarrea, inhibe las bacterias tóxicas y fomenta las especies de bacterias saludables, así como facilita la eficacia de otras las plantas medicinales.

Enfermedades autoinmunes

Sabemos que se usa regularmente para tratar la inflamación asociada con algunas enfermedades autoinmunes, como la espondilitis anquilosante e igualmente para otras enfermedades artríticas como la osteoartritis y la **fibromialgia**. Su acción es potente como inhibidor de la ciclooxigenasa (Cox-2), tanto como los antiinflamatorios no esteroideos y la aspirina, y se pueden asociar para potenciar los efectos.

Función gastrointestinal

Como una extensión de la propiedad antiemética, el jengibre ha sido estudiado por su efecto protector en el sistema gastrointestinal.

Siete investigadores examinaron el efecto del jengibre en la función gástrica, principalmente con respecto al vaciamiento gástrico y la disritmia. Todos los estudios que observaron la tasa de vaciamiento gástrico informaron que el jengibre era un potenciador digestivo. Otros investigaron el efecto beneficioso de la raíz de jengibre en la prevención de disritmias de onda lenta inducidas por eventos hiperglucémicos agudos.

Cuatro investigadores examinaron el efecto anticancerígeno del jengibre, todos los cuales evaluaron el riesgo de cáncer colorrectal según el tratamiento con jengibre. Colectivamente, el jengibre tiene un efecto beneficioso sobre el **cáncer colorrectal** al reducir los factores de riesgo tumorigénicos.

Por último, un estudio examinó el alivio sintomático en pacientes con síndrome del intestino irritable tras la aplicación de jengibre, aunque no se encontró evidencia de la reducción de los síntomas.

Función analgésica

Se estudió el efecto del jengibre en la **dismenorrea primaria.** Cuatro ensayos compararon su efecto analgésico con el de otros medicamentos, como el ácido mefenámico, el ibuprofeno y el sulfato de zinc, que mostraron una eficacia similar a la del jengibre.

Por ejemplo, informaron que el jengibre mejoró significativamente la dismenorrea primaria en pacientes tratadas con jengibre durante cinco días, comenzando dos días antes del inicio de la menstruación.

Se administró jengibre a un grupo de participantes con dolor muscular, con variados resultados observados. Dos estudios informaron que el jengibre atenuó parcialmente el dolor muscular en comparación con el grupo placebo. También se seleccionaron pacientes con **dolor lumbar** y dolor torácico causado por angioplastia coronaria transluminal percutánea para evaluar los efectos analgésicos del jengibre, y ambos estudios concluyeron que el jengibre era una opción útil para el alivio del dolor.

Mejora metabólica

Por ejemplo, tres estudios evaluaron la influencia del jengibre en parámetros bioquímicos relacionados con la **diabetes 2** y demostraron la reducción significativa de la glucemia en ayunas, la hemoglobina A1c, la sensibilidad a la insulina y la resistencia a la insulina. Además, el perfil lipídico, los marcadores inflamatorios y los antioxidantes también se vieron afectados por la ingesta de jengibre, lo que se demostró por la reducción de la proteína C reactiva, los triglicéridos, el colesterol de lipoproteínas de baja densidad LDL y el malondialdehído.

En términos de factores de riesgo cardiovascular relacionados con la obesidad, se informó que el jengibre era beneficioso para reducir los factores de riesgo, como la masa grasa corporal, el porcentaje de grasa corporal, el colesterol total, la circunferencia de la cintura, la relación cintura-cadera y la resistencia a la insulina.

Además, se sugirió que el jengibre tiene efectos antioxidantes y antidismetabólicos en mujeres obesas con cáncer de mama. Finalmente, otros estudios apuntaron a explorar el efecto del jengibre sobre el metabolismo de los lípidos, incluyendo la utilización de grasas y la eficacia para reducir los **triglicéridos.**

En general, se creía que el jengibre proporcionaba beneficios potenciales al reducir los factores de riesgo de los síndromes metabólicos. Además, no se observaron efectos adversos graves en todos los estudios incluidos.

Otras funciones clínicas

En términos de función respiratoria, el jengibre redujo eficazmente la duración de la ventilación mecánica y la duración de la estancia en la unidad de cuidados intensivos en pacientes con SDRA.

También mejoró los síntomas asmáticos.

Una dosis única de 10 g de jengibre en polvo redujo significativamente la agregación plaquetaria inducida por difosfato de adenosina y epinefrina en pacientes que se estaban recuperando de un infarto de miocardio. administraron jengibre a pacientes de 15 a 18 años con **sangrado menstrual** abundante, y el grupo de tratamiento con jengibre demostró una reducción significativa en la pérdida de sangre menstrual.

El tratamiento con jengibre aumentó significativamente el volumen de leche en el tercer día posparto en comparación con el placebo.

Motilidad intestinal

No afecta a la velocidad del vaciado gástrico.

Se recomienda té de jengibre hecho de raíz de jengibre fresco, hervido y diluido para una mayor eficacia.

Náuseas y vómitos después de cirugía

Puede ayudar a reducir las náuseas y los vómitos después de la cirugía, tanto como los medicamentos, aunque no en todos los casos.

Prevención del cáncer de colon

Un estudio reciente ha investigado el efecto de jengibre en presencia de un carcinógeno conocido del colon, el DMH, lo mismo que cuando se empleaban ciertas enzimas para reducirlo (GPx, GST, GR, SOD y CAT) y concentraciones de antioxidantes y vitaminas C, E y A.

El número de tumores, así como la incidencia de cáncer fue significativamente menor en el tratamiento con jengibre, incluso superior que cuando se empleaban las enzimas y antioxidantes.

Además, los suplementos de jengibre en la fase de iniciación y también en las etapas de iniciación de la carcinogénesis redujeron significativamente la peroxidación de lípidos circulantes y aumentó significativamente la acción enzimática y de los antioxidantes en comparación con el efecto del DMH no tratado.

La conclusión es que el jengibre suprime la **carcinogénesis** de colon en presencia del DMH procarcinógeno.

Prostaglandinas

Se ha comprobado la inhibición de **prostaglandinas** y leucotrienos por la acción de los gingeroles y diaryl-heptanoides.

Quimiopreventivo

El jengibre es conocido por sus efectos antioxidantes y actividades antiproliferativas, lo que indica su papel prometedor como agente quimiopreventivo. El *gingerol*, un componente natural de jengibre, exhibe actividades antiinflamatorias y antitumorales.

Varias investigaciones sugieren que es eficaz en la supresión de la transformación, hiperproliferación, y los procesos inflamatorios que inician y promover la carcinogénesis y metástasis.

A pesar de su actividad anticancerosa frente a varios cánceres humanos, el mecanismo molecular exacto por el que el gingerol ejerce sus efectos quimiopreventivos, todavía no está completamente entendido.

Regulador endocrino

De particular interés es la capacidad para regular el azúcar en la sangre y aumentar la circulación, lo que es de gran ayuda para el sistema reproductor. Los investigadores han concluido que hay un aumento significativo en la motilidad de los espermatozoides y el contenido de esperma asociado con el consumo de jengibre.

Como resultado de esto, el jengibre es apreciado desde hace tiempo por su capacidad para aumentar la fertilidad.

CAPÍTULO 4

Estudios clínicos

Los estudios no indican que el jengibre tenga influencia en el sistema vestibular u ocular común, aunque no se descarta que implique al sistema nervioso central, teniendo en cuenta varios de los componentes que pudieran antagonizar los receptores de la serotonina.

Los compuestos 6-gingerol y 6-shogaol se ha demostrado que tienen un influencia farmacológica como **antipirético, antitusivo, analgésico,** y efectos **hipotensores.**

El extracto de jengibre presenta inhibición de la **agregación plaquetaria** y la síntesis de tromboxano in vitro, que pudieran prolongar el tiempo de sangrado, pero no hay pruebas concluyentes in vivo, mayormente porque los servicios hospitalarios no quieren sustituirlo por los antiagregantes químicos.

Los estudios in vitro sugieren que el jengibre puede producir **efectos antiinflamatorios** por inhibición del metabolismo del ácido araquidónico, tanto en las vías de la ciclooxigenasa como de la lipoxigenasa.

En las pruebas del **mareo** las personas que se sometieron a ellas tenían antecedentes de náuseas, taquigastria, y producción de vasopresina. En todos se demostró un efecto positivo.

Estos estudios muestran que puede ser tan eficaz como muchos tradicionales antihemáticos tales como dimenhidrinato, domperidona, escopolamina, cyclizina y meclizina. Sin embargo, no demostró una eficacia superior en comparación con la escopolamina o d-anfetamina.

En las náuseas y los vómitos en el **embarazo,** en una prueba realizada con26 mujeres en el primer trimestre del embarazo, empleando una cucharada de jengibre en agua cuatro veces al día, durante un periodo de dos semanas, se comprobó que: los vómitos cesaron en ocho de las 12 mujeres. En las náuseas matutinas con 70 mujeres embarazadas, empleando 250 mg de polvo de jengibre recién preparado, los resultados indicaron una reducción significativa de las náuseas y el número de episodios de vómitos.

En la respuesta contra la **anestesia** se comprobó la eficacia comparada con 10g de metoclopramida. Se observó a lo largo de la duración del estudio, que 28 pacientes mejoraron con el jengibre y 30 con el fármaco. Sin embargo, el jengibre no demostró un efecto antihemético con la cirugía laparoscópica.

Para el alivio de las náuseas y vómitos producidos por la **quimioterapia,** en un estudio doble ciego, realizado a 744 pacientes con cáncer dividido en cuatro grupos, se utilizó:

1) placebo,
2) 0,5 g de jengibre,
3) 1,0 g de jengibre,
4) 1,5 g de jengibre.

La manifestación de las náuseas y su gravedad, se evaluaron en varios ciclos. Todos los pacientes habían recibido un antiemético denominado 5-HT3, un receptor de la serotonina para modular diversos procesos neurológicos y biológicos, tanto para sedar, como para estimular.

Un total de 576 pacientes llegaron al análisis final (91% mujeres, edad media = 53) y se comprobó que todas las dosis de jengibre reducen significativamente las **náuseas agudas** ocasionadas por la quimioterapia en comparación con el placebo. La mayor reducción en la intensidad de las náuseas se produjo con 0,5 g y 1,0 g de jengibre, siendo eficaz también como preventivo.

Los pacientes no estaban recibiendo heparina, ni tenían un trastorno de la coagulación, y su recuento de plaquetas era > 100.000/l antes del ciclo de referencia.

El objetivo primario del estudio fue determinar si la administración de suplementos de jengibre reducían

Jengibre

las **náuseas** (es decir, náuseas en el día 1). La dosis se estableció al azar.

Las cápsulas de jengibre contenían un extracto líquido purificado de la raíz de jengibre (Zingiber officinale) con 8,5 mg de gingeroles combinados, zingerona y shogoal, equivalente a 250 mg de raíz de jengibre, aceite extra virgen de oliva, y otros excipientes para mejorar la solubilidad y biodisponibilidad. Las cápsulas de placebo consistían en sólo aceite de oliva extra virgen con el fin de que coincidan con el peso de las cápsulas de jengibre. Tanto el jengibre como el placebo fueron encapsulados en tamaño "0", en color blanco, opaco, en cápsulas de gelatina dura con una tapa de nitrógeno.

La encapsulación doble y la tapa de nitrógeno enmascaraban cualquier diferencia en el olor o color entre los dos productos.

Las cápsulas se envasaron en blisters conteniendo seis cápsulas de jengibre (o placebo) y se agruparon en dosis de mañana y tarde (3 cápsulas cada uno).

Todos los pacientes tomaron la medicación tradicional dos veces al día durante seis días, comenzando tres días antes de la quimioterapia. Las náuseas y los vómitos fueron medidos utilizando criterios actuales.

Resultados

Los análisis revelaron que todas las dosis de jengibre redujeron significativamente los casos agudos de **náuseas** en comparación con el placebo. Se demostró que la dosis diaria de 0,5 g y 1,0 g fueron las más eficaces en la reducción aguda. A pesar de la reducción significativa de las náuseas agudas en el primer día, en todos los casos se demostró que el efecto se debilita algo los días posteriores. Estos datos sugieren que los pacientes informaron de la efectividad en las náuseas agudas, más que en las graves. En general, no se observaron diferencias significativas en los vómitos o la calidad de vida con las diferentes dosis de jengibre. En contraste, se demostró eficacia en la prevención de las náuseas.

Efectos secundarios

Un total de 24 casos adversos se registraron durante el curso del estudio, pero solamente nueve de ellos se consideraron relacionadas con el jengibre. Estas reacciones adversas fueron síntomas gastrointestinales, como pirosis, moretones / enrojecimiento y erupción cutánea.

Sólo podemos especular que el mecanismo por el que el jengibre alivia la náusea es a través de una combinación de actividades anti-inflamatorias y anti-espasmódicas. Los medicamentos actuales antieméticos, tales como 5-HT 3, son antagonistas de los receptores para los neurotransmisores específicos en el tracto gastrointestinal.

Del mismo modo, el jengibre puede unirse al 5-HT 3 para aumentar los efectos antieméticos y puede aumentar las enzimas de desintoxicación para contrarrestar el daño oxidativo a los tejidos.

Los autores especulan que administrando el jengibre tres días antes del inicio de la quimioterapia, puede preparar el intestino para una respuesta anti-náuseas a través del 5-HT y la inducción de las enzimas de desintoxicación. Además, un mecanismo similar podría explicar por qué las **dosis más bajas** de jengibre fueron más eficaces que las dosis más altas. Hipotéticamente, una cierta dosis de jengibre (es decir, 1,0 g) puede saturar los receptores o hacerla ineficaz. Similar a estos resultados, fue que la dosis de 1,0 g de jengibre fue más eficaz contra el mareo que la dosis de 2,0 g.

En 1986, se estudiaron 20 pacientes que estaban siendo tratados de leucemia con arabinósido de citosina (ARA-C) y se demostró que los pacientes que recibieron jengibre tenían significativamente menos náuseas graves en el día de la quimioterapia y en el día siguiente que los que tomaron las cápsulas de placebo. De manera similar, se demostró que 1 g de jengibre antes y después de la quimioterapia era tan eficaz como la metoclopramida en el control completo de las náuseas. También se constató que una dieta alta en proteínas con 1,0 g de jengibre reduce la severidad de las náuseas y se evita administrar medicamentos antieméticos.

Más recientemente, se demostró que el polvo de jengibre (1-2 g diarios repartidos) redujo la severidad de náuseas agudas en niños y adultos jóvenes que reciben quimioterapia altamente emetógena para el sarcoma.

Usos medicinales

La parte del jengibre que utilizamos no es una raíz, como se podría suponer por la forma en que se ve. En realidad es el tallo o rizoma, que se encuentra bajo tierra. Puesto que los compuestos picantes y aromáticos que caracterizan al jengibre se encuentran en el rizoma, y que son muy sensibles al calor y al oxígeno, es necesario emplearlos de modo apropiado no pelándolo hasta el momento de su consumo.

El rizoma seco se usa en preparaciones orales para tratar una variedad de dolencias, mientras que el aceite esencial se aplica tópicamente como analgésico.

Artritis de rodilla relacionada con problemas de envejecimiento

Condimentar regularmente las comidas con jengibre fresco puede ayudar a esta enfermedad, según sugiere un estudio reciente sobre problemas de cartílagos en la osteoartritis. En este estudio de doce meses, 29 pacientes con artritis dolorosa en la rodilla (6 hombres y 23 mujeres de edades comprendidas entre 42 a 85 años) participaron en una prueba controlada con placebo, a doble ciego cruzado.

Los pacientes cambiaron al placebo y al jengibre a los 3 meses. Después de seis meses, veinte de los pacientes que desearon continuar fueron seguidos durante un período adicional de seis meses.

Al final del período de los seis meses, aquellos que tomaron jengibre experimentaron significativamente menos dolor en el movimiento que aquellos que recibieron placebo. El dolor disminuyó durante el movimiento desde una puntuación de 76,14 a 41,00. Por el contrario, los que fueron cambiados del jengibre al placebo experimentaron un aumento del dolor de movimiento (hasta 82,10) y minusvalía (hasta 80,80) desde el inicio. En la fase final del estudio, cuando todos los pacientes estaban recibiendo jengibre, el dolor se mantuvo bajo.

No sólo disminuyó el dolor, sino la hinchazón de las rodillas, una medida objetiva de la inflamación. La circunferencia de la rodilla disminuyó desde los 43,25 cm iniciales a los 39,36 cm en la 12ª semana. Cuando este grupo se cambió al placebo, sus circunferencias aumentaron. En la fase final, cuando a ambos grupos se les dio el jengibre, la media de la circunferencia de la rodilla continuó a la baja, alcanzando mínimos de 38,78 y 36,38 en los dos grupos.

Cáncer colorrectal

Los *gingeroles*, los principales componentes activos en jengibre y responsables de su sabor distintivo, también pueden inhibir el crecimiento de las células humanas del cáncer colorrectal, según las pruebas que se llevaron a cabo en Phoenix. En este estudio, investigadores de la Universidad Hormel de Minnesota demostraron su efecto beneficioso.

La profesora Ann Bode señaló: "Estos resultados sugieren que los compuestos del jengibre pueden ser un preventivo efectivo y un agente quimioterapéutico para los carcinomas colorrectales."

Las expectativas sobre si era posible frenar una metástasis de un tumor inoperable mediante la ingestión de jengibre podrían parecer muy optimistas, pero los experimentos en la Universidad de Minnesota sugieren fuertemente que es posible. La Universidad ya ha solicitado una patente sobre el uso del (6)-gingerol como un agente anti-cáncer.

Cáncer de mama

Se ha demostrado que el 6-gingerol inhibe la adhesión celular, la invasión, la motilidad y la actividad de de las células del cáncer de mama humanos y condujo a una disminución dependiente de la concentración en la migración celular y la motilidad.

Cáncer de ovario

En el tratamiento de los cultivos de células de cáncer de ovario, indujo la inhibición del crecimiento profundo en todas las líneas celulares ensayadas. Se encontró que, in vitro, el *6-shogaol* es el más activo de los componentes del jengibre individuales ensayados y que ocasionaba la inhibición de la activación de NF-kB, así como disminución de la secreción de VEGF (factor de crecimiento endotelial vascular). La conclusión es que inhibe el crecimiento y modula la secreción de factores angiogénicos en las células de cáncer de ovario.

Los experimentos de laboratorio presentados en la 97 Reunión Anual de la Asociación Americana contra el Cáncer, llevados en la Universidad de Michigan, mostraron que los *gingeroles* podían destruir las células del cáncer de ovario mediante la inducción a la apoptosis (muerte celular programada) y la auto-digestión.

Los extractos de jengibre se ha demostrado que tienen tanto propiedades antioxidantes, como anti-inflamatorias y anti-tumorales sobre las células. Para investigar este último, se examinó el efecto de un extracto de jengibre completo que contenía un 5% gingerol en un número indeterminado de células de cáncer de ovario.

La exposición a la muerte celular causada por el extracto de jengibre ocurrió en todos los casos de cáncer de ovario estudiados.

Un estado pro-inflamatorio se cree que es un factor importante que contribuye al desarrollo del cáncer de ovario. En presencia de jengibre, una serie de indicadores clave de la inflamación (factor de crecimiento endotelial vascular, interleucina-8 y prostaglandina E2) también se redujeron en las células de cáncer de ovario.

Los agentes quimioterapéuticos convencionales también suprimen estos marcadores inflamatorios, pero pueden hacer que las células cancerosas se vuelvan resistentes a la acción de los fármacos. Liu y sus colegas creen que el jengibre puede ser un beneficio especial para los pacientes con cáncer de ovario, porque las células cancerosas expuestas al jengibre no se convierten en resistentes. En el caso del cáncer de ovario, la prevención mediante el uso libre de jengibre es una idea especialmente buena. El cáncer de ovario es a menudo mortal ya que los síntomas generalmente no aparecen hasta tarde en el proceso de la enfermedad, por lo que cuando se diagnostica ya está extendido más allá de los ovarios. Más del 50% de las mujeres que desarrollan cáncer de ovario se diagnostican en etapas avanzadas de la enfermedad.

Cáncer de próstata

En los estudios con el extracto de jengibre para tratar el crecimiento y la progresión de injertos de cáncer de próstata, se comprobó que el cáncer disminuía el 56 por ciento en comparación con el grupo testigo. Se encontró que el extracto de jengibre entero (GE) ejerce importantes efectos inhibitorios sobre el crecimiento y muerte autoinducida en las células de cáncer de próstata.

Cáncer de pulmón

Las células del cáncer de pulmón se resisten e los estímulos de apoptosis de diversos agentes antitumorales y se vuelven progresivamente incurables. Un estudio se realizó para evaluar el efecto *in vitro* antineoplásico de los polifenoles extraídos del té verde (GTP) y del jengibre (GPS) en células de cáncer de pulmón. El efecto antitumoral directo de GTP y GPS en células H460 logró una reducción del número de células entre un 16% y un 26%. El GTP fue más eficaz en la reducción de la actividad metabólica celular, logrando reducir su número en un 22. El efecto apoptótico de ambos extractos, del té verde y jengibre, parece deberse a los polifenólicos.

Carcinoma de páncreas

El carcinoma de páncreas es un tipo común de cáncer cuya incidencia aumenta gradualmente durante las últimas décadas.

Sin embargo, en la actualidad los fármacos candidatos para suprimir el cáncer de páncreas no existen.

La investigación se llevó a cabo para investigar si el *zerumbone*, un sesquiterpeno cíclico natural aislado del jengibre, producía efectos anticancerígenos en líneas celulares de carcinoma de páncreas. Los resultados mostraron que la concentración zerumbone, y el tiempo, ocasionaban acciones inhibitorias sobre la viabilidad de las células Panc-1 y su apoptosis. El zerumbone también produjo la misma actividad antitumoral en líneas celulares de carcinoma de páncreas SW1990 y AsPC 1.

Cinetosis

Varios estudios sugieren que el jengibre funciona mejor que el placebo en la reducción de algunos síntomas de cinetosis. En un ensayo con 80 nuevos marineros que eran propensos al mareo, los que tomaron el jengibre en polvo tenían menos vómitos y sudoración fría en comparación con los que tomaron placebo. Sin embargo, no consiguió reducir las nauseas.

En un pequeño estudio, los participantes recibieron ya sea la raíz fresca o el jengibre en polvo, para ser comparado con la escopolamina, un medicamento comúnmente recetado para el mareo, y con un placebo. Los que tomaron la escopolamina tuvieron menos síntomas que los que tomaron el jengibre, pero en su contra el medicamento ocasionó efectos secundarios, como sequedad de boca y somnolencia.

Cólicos menstruales

Se tomaron 250 mg de jengibre en polvo cuatro veces al día durante tres días a partir del inicio del período menstrual. Al final del tratamiento, la gravedad de la dismenorrea disminuyó en todos los grupos. El estudio mostró que fue tan eficaz como el ácido mefenámico y el ibuprofeno para aliviar el dolor en mujeres con dismenorrea primaria.

Colon irritable

El jengibre también calma el estómago y ayuda a la digestión, por lo que por esta razón, es adecuado para los síntomas relacionados con el síndrome del intestino irritable (IBS).

Mareos

Una clave para el éxito del jengibre en la eliminación de las molestias gastrointestinales se demostró en los recientes estudios doble ciego, con efectos en la prevención y tratamiento de los síntomas del mareo. De hecho, en un estudio, el jengibre ha demostrado ser muy superior a los fármacos más populares, como la Biodramina, pero no induce al sueño.

El jengibre reduce todos los síntomas asociados con la enfermedad del movimiento incluyendo mareos, náuseas, vómitos y sudoración fría.

Se recomienda tomar la dosis 1-2 días antes del viaje programado y continuar a lo largo del viaje.

Migrañas

Según informa la tradicional medicina ayurvédica y tibetana, es útil en trastornos neurológicos, tanto como preventivo, como curativo en las crisis. En comparación con los analgésicos químicos, el jengibre en dosis de 500-600 mg de jengibre en polvo mezclado con agua, eliminó el dolor de cabeza en menos de 30 minutos, sin efectos secundarios o de rebote.

Náuseas y vómitos en el embarazo

Los estudios en humanos sugieren que 1 g diario de jengibre puede ser eficaz para las náuseas y los vómitos en mujeres embarazadas, cuando se utiliza por períodos cortos (no más de 4 días) y que alivia las náuseas matutinas.

Ha demostrado ser muy útil incluso la forma más grave, la *hiperemesis gravidum*, una enfermedad que generalmente requiere hospitalización. En un ensayo doble ciego, la raíz de jengibre provocó una reducción significativa en la severidad de las náuseas y el número de ataques de vómitos en 19 de 27 mujeres con un embarazo de menos de 20 semanas. A diferencia de los fármacos antieméticos, que pueden causar problemas teratógenos (malformaciones en el feto) graves, el jengibre es extremadamente seguro, y sólo se necesita una pequeña dosis.

Una revisión de seis estudios a doble ciego, con ensayos controlados aleatorios en un total de 675 participantes, ha confirmado que el jengibre es efectivo para aliviar la severidad de las náuseas y los vómitos durante el embarazo. El examen también confirmó la ausencia de efectos secundarios significativos o efectos negativos sobre los resultados del embarazo.

Náuseas después de la laparoscopia ginecológica

Se ha informado que es tan eficaz como la metoclopramida y mejor que el placebo para la prevención de náuseas y vómitos postoperatorios después de cirugía mayor ginecológica ambulatoria y laparoscopia ginecológica 6 horas después de la operación

Náuseas inducidas por quimioterapia

Las náuseas a consecuencia de la quimioterapia se desarrollan en el 8-20% de los pacientes y ocurre dentro de las 24 horas después de administrarse, mientras que la diferida se produce hasta cinco días después. La mayoría de los pacientes dicen padecerla el primer día de forma intensa, y quienes no la padecen seguramente no la percibirán en los días posteriores.

La quimioterapia contra el cáncer puede causar intensas náuseas, vómitos y malestar abdominal, que puede limitar el tratamiento. Agentes anticancerosos tales como cisplatino, ciclofosfamida y metotrexato, ocasionan un vaciado gástrico lento.

En un estudio doble ciego sobre las náuseas inducidas por la quimioterapia en pacientes de leucemia que recibieron jengibre o un placebo, mostraron síntomas significativamente disminuidos en quienes tomaron jengibre en comparación con el placebo. Este efecto fue igualmente eficaz en animales.

La dosis de medio gramo a un gramo de jengibre al día podría ayudar a aliviar las náuseas en pacientes que pasan por quimioterapia.

El jengibre, pues, reduce la gravedad y duración de las náuseas –pero no los vómitos– durante la quimioterapia.

Osteoartritis

El extracto de jengibre se ha estudiado como una alternativa a la terapia de antiinflamatorios (NSAID) para la artritis de cadera o rodilla.

La comparación se hizo administrando 170 mg de extracto de jengibre, 400 mg de ibuprofeno, o placebo tres veces al día durante tres semanas.

El estudio reveló una mejora significativa en los síntomas, tanto para el jengibre como para el ibuprofeno. El antiinflamatorio reveló una mayor eficacia, aunque también más efectos secundarios.

Puede ayudar a reducir el dolor de la osteoartritis (OA). En un estudio con 261 pacientes afectados por OA de rodilla, los que tomaron un extracto de jengibre dos veces al día tenían menos dolor y necesitaron menos analgésicos que los que recibieron placebo, aunque quizá su efecto no sea superior al del ibuprofeno y se necesita tomarlo durante algunas semanas para que surja efecto.

Resfriado y la gripe

Se le considera el "calentador" del cuerpo, siendo de utilidad en cualquier patología ocasionada por el frío. Contiene, además, una larga lista de sustancias antivirales y antimicrobianas, siendo específico contra los rinovirus gracias a los sesquiterpenos.

Otros componentes, como los gingeroles y shogaoles, ayudan a aliviar los síntomas y reducen el dolor y la fiebre, suprimen la tos y tienen un efecto sedante suave que favorece el descanso.

Reumatismo y trastornos músculo esqueléticos

El jengibre se describe útil en la inflamación y el reumatismo.

Entre los pacientes con artritis en diversos grados, casi todos encontraron alivio del dolor y la hinchazón y ninguno experimentó efectos adversos durante el período de consumo de jengibre que varió de 3 meses a 2,5 años.

Se sugiere que al menos uno de los mecanismos por los que el jengibre muestra sus efectos de mejora podría estar relacionado con la inhibición de la biosíntesis de leucotrienos y prostaglandinas, es decir, funciona como un inhibidor dual de la biosíntesis de eicosanoides.

Posiblemente eficaz para:

Cólicos menstruales (dismenorrea). Tomar jengibre por vía oral durante los primeros 3-4 días del ciclo menstrual reduce ligeramente los periodos menstruales dolorosos. Parece ser tan eficaz como algunos analgésicos y antiinflamatorios, como por ejemplo el ácido mefenámico.

Artrosis

Tomar jengibre por vía oral puede reducir ligeramente el dolor en algunas personas con artrosis. Sin embargo, aplicar gel o aceite de jengibre en la rodilla no parece ser efectivo.

Náuseas matutinas.

Tomar jengibre por vía oral parece reducir las náuseas y los vómitos en algunas personas durante el embarazo. Sin embargo, podría actuar con mayor lentitud o no tan eficazmente como algunos medicamentos para las náuseas.

Indigestión:

El jengibre es probablemente seguro. Puede causar efectos secundarios leves, como acidez, diarrea, eructos y malestar estomacal general en dosis de 5 gramos al día.

Aplicación cutánea:

El jengibre es posiblemente seguro si se usa a corto plazo.

CAPÍTULO 6

Efectos más comprobados clínicamente

Efectos clínicos comprobados

Los ensayos controlados aleatorios (ECA) sobre el jengibre se establecen según la puntuación de evaluación de calidad (QA): un color brillante indica una "alta calidad de evidencia", mientras que un color oscuro indica lo contrario.

En total, se abordaron 43 ECA (controles) para determinar la alta calidad de evidencia,

Se evaluó cada función importante (CINV: náuseas y vómitos inducidos por quimioterapia; NVP: náuseas y vómitos del embarazo; PONV: náuseas y vómitos posoperatorios).

Las aplicaciones clínicas del jengibre como terapia medicinal o adyuvante han recibido una atención significativa debido a sus varias funciones esperadas, uso general a nivel mundial y seguridad empíricamente garantizada. No se reportaron casos graves o que amenazaran la vida.

La acidez estomacal fue el único síntoma reportado consistentemente en 16 estudios donde los participantes recibieron entre 500 y 2000 mg de jengibre por día. Este resultado fue apoyado por la propiedad biológica de los constituyentes del jengibre que inhiben la ciclooxigenasa, que tiene un papel en la defensa de la mucosa gástrica.

Estos resultados respaldan la idea de que el jengibre puede ser un enfoque alternativo para la terapia antiemética en mujeres durante el período de gestación del embarazo.

Estudios sobre la función digestiva informaron principalmente un efecto positivo del jengibre en la reducción del tiempo de vaciado gástrico y la disritmia.

Se han realizado investigaciones sobre la actividad anticancerígena del jengibre o sus componentes activos, especialmente shogaoles y especies de gingerol, en varios tipos de cáncer con diferentes modelos.

En cambio, se midieron los factores de inflamación, proliferación, diferenciación y apoptosis en el tratamiento con 1-2 g de jengibre para evaluar la mejora del riesgo. Los cuatro estudios informaron que los factores

de riesgo relacionados con el cáncer colorrectal disminuyeron en el grupo de tratamiento con jengibre.

El efecto analgésico del jengibre se examinó principalmente en el alivio de la dismenorrea primaria. Seis
estudios informaron que el jengibre mejoró el alivio
del dolor y tuvo una efectividad similar con medicamentos como el ácido mefenámico y el ibuprofeno en
comparación con el grupo placebo,

En general, el efecto analgésico del jengibre en la
dismenorrea primaria es digno de consideración,

La eficacia del jengibre en el tratamiento de síndromes metabólicos y antiinflamatorios ha sido ampliamente estudiada. Por ejemplo, se ha descubierto que
reduce significativamente los síntomas en pacientes
con enfermedades relacionadas con la artritis.

Cabe destacar que varios estudios compararon la
eficacia del jengibre con otros fármacos antiinflamatorios. Un estudio concluyó que el jengibre es tan eficaz
como el ibuprofeno para reducir los síntomas de la OA

En cuanto a las enfermedades metabólicas, muchos
estudios han demostrado que el jengibre puede mejorar los parámetros bioquímicos sanguíneos y los perfiles lipídicos, lo que además puede ayudar a reducir el
riesgo de enfermedades cardiovasculares. Por ejemplo,
se ha descubierto que la suplementación con jengibre
reduce notablemente el azúcar en sangre en ayunas, la
HbA1c y la resistencia a la insulina.

Además, se ha descubierto que los perfiles lipídicos (colesterol total y LDL-C), la proteína C reactiva y los factores de riesgo cardiovascular relacionados con la obesidad se reducen con la ingesta de jengibre. En general, se ha descubierto que el jengibre indica un efecto beneficioso en dosis altas y tratamiento a largo plazo en enfermedades metabólicas.

Por ejemplo, el efecto beneficioso sobre la función digestiva y preventiva del cáncer colorrectal se informó de forma sistemática en estudios relacionados.

Otros usos

Algunos estudios preliminares sugieren que el jengibre puede ayudar a reducir el **colesterol** y prevenir que la sangre se coagule.

Eso puede ser útil en el tratamiento de enfermedades del corazón, donde los vasos sanguíneos pueden bloquearse y causar un ataque al corazón o un derrame cerebral.

Los estudios de laboratorio han encontrado también que algunas sustancias en el jengibre pueden matar las células cancerosas in vitro.

7
CAPÍTULO

Efectos secundarios

Los efectos secundarios del jengibre son raros, pero si se toma en dosis altas puede causar ardor de estómago leve, diarrea e irritación de la boca. Muchos de estos efectos secundarios se pueden evitar si se toman jengibre en forma de cápsulas, pero debe recordarse que es altamente recomendable no exceder de 4g de raíz de jengibre diario.

Las investigaciones demuestran que el jengibre es seguro para la mayoría de las personas en cantidades normales, como las que se encuentran en alimentos y recetas. Sin embargo, existen algunas preocupaciones.

Dosis más altas, como las de los suplementos, pueden aumentar el riesgo de sangrado. La investigación no es concluyente, pero las personas que toman tratamiento anticoagulante (anticoagulantes como warfarina, aspirina y otros) deberían ser cautelosas.

Los estudios están explorando si grandes cantidades de jengibre pueden afectar la insulina y reducir el azúcar en sangre, por lo que hasta que se sepa más, las personas con diabetes pueden disfrutar de cantidades normales de jengibre en los alimentos, pero deben mantenerse alejadas de los suplementos de jengibre en dosis grandes.

Efectos adversos

Sensación de ardor en la boca/garganta, dolor abdominal, diarrea o acidez estomacal. Si cualquiera de estos efectos persisten o empeoran, informe a su médico y con mayor razón si hay efectos secundarios poco comunes pero muy graves: sangrado / moretones inusuales, somnolencia inusual, ritmo cardíaco irregular, reacción alérgica muy grave. No obstante, no se conocen casos comprobados.

Sin embargo, busque atención médica inmediata si nota alguno de estos síntomas de una reacción alérgica grave: erupción cutánea, picazón, / inflamación (especialmente en cara / lengua / garganta), mareos o dificultad para respirar. Como cualquier otro alimento, el jengibre puede dar lugar a reacciones de hipersensibilidad es personas predispuestas.

No se recomienda tomarlo en presencia de diabetes, enfermedad hepática, cálculos renales, fibrosis renal o cáncer urinario. No se sabe si el sabor o algunos de sus componentes pasan a la leche materna.

La toxicidad del aceite de jengibre se estudió mediante la administración oral durante 13 semanas a dosis de
100, 250, y 500 mg / kg por día a 6 grupos de ratas.

Otro grupo recibió aceite de parafina (vehículo) o
se dejaron sin tratar y sirvió de grupo control compa-
rativo. No hubo mortalidad, ni disminución del peso
corporal, ni cambios en los parámetros hematológicos,
hepáticos, funciones renales, electrólitos séricos, o en
la histopatología de los órganos seleccionados.

Precauciones

El consumo del jengibre es extremadamente seguro
y aunque algunas personas tienen problemas para to-
lerar su sabor picante, la mayoría tiende a adaptarse si
quieren seguir tomándolo.

Aunque algunos informes alegan que puede blo-
quear que las plaquetas se peguen entre sí y por ello
ocasionar sangrado, no ha habido ningún caso relativo
a ello en las personas que lo tomaron. Aún así, se recomienda no mezclarlo con anticoagulantes químicos
(sintrom, adiro, heparina...). Respecto al embarazo,
puede ser consumido durante un corto plazo.

Las personas con cálculos biliares deben consultar a
su médico antes de tomar jengibre, pues son una con-
traindicación relativa para el uso del jengibre.

También hay que advertir al médico si se está to-
mando jengibre cuando se planea tener cirugía o debe
administrarse anestesia por cualquier motivo.

Las personas con enfermedades del corazón y las personas con diabetes deben consultar al médico, lo mismo que las embarazadas.

No tomarlo si se está sangrando.

Su posible contenido en ácido aristolóquico hace que no se deba comer en presencia de fibrosis renal o cáncer del tracto urinario. Los síntomas incluyen un cambio inusual del volumen de orina o sangre. Se recomienda precaución si hay dependencia alcohólica.

Interacciones posibles:

Puede aumentar el riesgo de sangrado si se usa junto con warfarina y heparina, drogas anti-plaquetas como el clopidogrel y la ticlopidina, o alimentos como el ajo. También con la aspirina.

El jengibre puede alterar los efectos de algunos medicamentos recetados y de venta libre.

El jengibre puede reducir el azúcar en la sangre, aumentando el riesgo de hipoglucemia o bajo nivel de azúcar.

Puede reducir la presión arterial, aumentando el riesgo de presión arterial baja o latidos irregulares del corazón.

CAPÍTULO 8

Té de jengibre

El jengibre no solo es delicioso. El gingerol, un componente natural de la raíz de jengibre, favorece la motilidad gastrointestinal, es decir, la velocidad a la que los alimentos salen del estómago y continúan a través del proceso digestivo. Comer jengibre favorece una digestión eficiente, evitando que los alimentos permanezcan tanto tiempo en el intestino.

Alivio de las náuseas

Facilitar el vaciado gástrico puede aliviar las molestias causadas por las náuseas debido a:

Quimioterapia

Los expertos que trabajan con pacientes que reciben quimioterapia para el cáncer afirman que el jengibre puede aliviar las náuseas posteriores al tratamiento y evitar algunos de los efectos secundarios de los medicamentos antináuseas.

Embarazo

Durante generaciones, las mujeres han elogiado el poder del jengibre para aliviar las náuseas matutinas y otras molestias asociadas con el embarazo.

Incluso la Academia Estadounidense de Obstetricia y Ginecología lo menciona como un remedio no farmacéutico aceptable para las náuseas y los vómitos.

Hinchazón y gases

Comer jengibre puede reducir la fermentación, el estreñimiento y otras causas de hinchazón y gases intestinales.

Desgaste celular

El jengibre contiene antioxidantes. Estas moléculas ayudan a controlar los radicales libres, compuestos que pueden dañar las células cuando su número aumenta demasiado.

¿Es el jengibre antiinflamatorio? Es posible. El jengibre contiene más de 400 compuestos naturales, algunos de los cuales son antiinflamatorios.

Beneficios del té de jengibre

El té de jengibre es fantástico en los meses fríos y delicioso después de cenar. Puede añadir un poco de limón o lima y un poco de miel para obtener una bebida deliciosa.

Las bolsitas de té de jengibre comerciales se encuentran en muchos supermercados y contienen jengibre seco, a veces combinado con otros ingredientes.

Estas bolsitas de té se conservan bien y son fáciles de preparar. El jengibre fresco tiene importantes beneficios para la salud, comparables a los del jengibre seco, pero el té elaborado con jengibre seco puede tener un sabor más suave.

Preparar té de raíz de jengibre con jengibre fresco requiere un poco más de preparación, pero tiende a dar como resultado una infusión más intensa y vivaz.

Cómo hacer té de jengibre

Comprar un trozo de jengibre fresco.
Recortar los nudos difíciles y las puntas secas.
Pelarlo con cuidado.
Cortarlo en rodajas finas y transversales.
Colocar algunas de las rodajas en una taza o jarro.
Verter agua hirviendo y tapar.

Para aprovechar al máximo los beneficios del jengibre, deje reposar las rodajas durante al menos 10 minutos.

El té de jengibre es una alternativa más saludable al ginger ale, la cerveza de jengibre y otras bebidas comerciales de jengibre enlatadas o embotelladas.

Estas bebidas aportan los beneficios del jengibre, pero muchas contienen mucha azúcar. Quizás sea mejor limitarlas a caprichos ocasionales o elegir opciones sin azúcar.

Raíz de jengibre o jengibre en polvo

Ambas presentaciones contienen todos los beneficios del jengibre para la salud. Aunque es difícil superar el sabor de la raíz fresca, el jengibre en polvo es nutritivo, práctico y económico.

El jengibre fresco se conserva bien en el refrigerador y se puede congelar después de pelarlo y picarlo. El polvo se conserva bien y está listo para usar sin necesidad de pelarlo ni picarlo.

La pasta de jengibre puede permanecer fresca durante aproximadamente dos meses si se almacena adecuadamente, ya sea en el refrigerador o en el congelador.

Suplemento de jengibre

Los suplementos de jengibre no son necesarios, y los expertos recomiendan que quienes quieran disfrutar de los beneficios del jengibre para la salud lo disfruten en alimentos y bebidas en lugar de tragar píldoras de jengibre, que pueden contener otros ingredientes no indicados.

Cómo comer jengibre

Además del té, hay muchas recetas deliciosas que incluyen jengibre en forma de raíz de jengibre recién rallada o picada, pasta de jengibre o polvo de jengibre seco.

El jengibre puede equilibrar el dulzor de las frutas y su sabor es excelente con platos salados, como las lentejas.

El jengibre encurtido, esas delicadas rodajas que suelen acompañar el sushi, es otra opción. Este condimento agridulce y picante aporta los componentes saludables del jengibre junto con el beneficio probiótico de los pepinillos. Además, en comparación con otros productos encurtidos, el jengibre encurtido tiene menos sodio.

El Curry tradicional contiene:
Jengibre
Cúrcuma
Cominos
Cilantro
Pimienta negra

También puede contener:
Nuez moscada, guindillas y cardamomo.

CAPÍTULO 9

Precauciones y advertencias especiales

Efectos adversos

Entre los efectos adversos, se informó principalmente que los síntomas relacionados con el aparato digestivo revertían el efecto protector gastrointestinal del jengibre en otros aspectos. La acidez estomacal, un síntoma general de la enfermedad por reflujo gastroesofágico, se informó en dieciséis estudios. Cinco estudios informaron náuseas como efecto secundario del tratamiento con jengibre, que fue el tema principal evaluado para observar el efecto clínico del jengibre. Se informó diarrea en dos estudios en grupos de pacientes con sangrado menstrual abundante y después de una cesárea electiva. Otros síntomas gastrointestinales incluyeron dolor abdominal, distensión abdominal, gases y malestar epigástrico. Además, se observaron síntomas cardiovasculares y respiratorios en un grupo de pacientes tratados con jengibre que se sometieron a cirugía laparoscópica.

Embarazo:

El jengibre es probablemente seguro al consumirlo en alimentos. Es posible que sea seguro al tomarlo por vía oral como medicamento durante el embarazo. Podría aumentar el riesgo de sangrado, por lo que algunos expertos desaconsejan su uso cerca de la fecha del parto. Sin embargo, parece ser seguro para las náuseas matutinas sin dañar al bebé.

Niños:

El jengibre es posiblemente seguro al tomarlo por vía oral hasta 4 días en adolescentes cerca del inicio del período.

Otros

Tomar jengibre podría aumentar el riesgo de sangrado.

Dosis altas de jengibre podrían empeorar algunas afecciones cardíacas.

Podría causar sangrado adicional durante y después de una cirugía. Deje de usar jengibre al menos dos semanas antes de una cirugía programada.

Interacciones

Medicamentos para la diabetes.

El jengibre podría reducir los niveles de azúcar en sangre. Tomar jengibre junto con medicamentos para la diabetes podría causar una bajada excesiva del azúcar en sangre. Vigile su nivel de azúcar en sangre de cerca.

Medicamentos (anticoagulantes/antiplaquetarios).

Podría retardar la coagulación sanguínea. Tomar jengibre junto con medicamentos que también retardan la coagulación sanguínea (fenprocumón) podría aumentar el riesgo de hematomas y sangrado.

Warfarina (Coumadin).

La warfarina se usa para retardar la coagulación sanguínea. El jengibre también puede retardarla. Tomar jengibre junto con warfarina podría aumentar el riesgo de hematomas y sangrado.

La nifedipina (Procardia).

Tomar jengibre junto con nifedipina podría retardar la coagulación sanguínea y aumentar las posibilidades de sufrir hematomas y sangrado.

Losartan (Cozaar).

El jengibre puede aumentar la absorción de losartán. Tomar jengibre junto con losartán podría aumentar los efectos y efectos secundarios del losartán.

Interacción menor

Los medicamentos para la presión arterial alta. El jengibre podría bajar la presión arterial.

Tomar jengibre junto con medicamentos antihipertensivos podría causar una bajada excesiva de la presión arterial.

La ciclosporina (Neoral, Sandimmune).

Tomar jengibre dos horas antes de tomar ciclosporina (inmunosupresor) podría aumentar su absorción. Sin embargo, el jengibre no parece afectar la absorción de ciclosporina cuando se toman simultáneamente.

El metronidazol.

El jengibre puede aumentar la absorción de metronidazol (antibiótico). Tomar jengibre junto con metronidazol podría aumentar los efectos y efectos secundarios del metronidazol.

Los medicamentos modificados por el hígado (sustratos del citocromo).

El jengibre podría alterar la velocidad con la que el hígado descompone estos medicamentos. Esto podría alterar sus efectos y efectos secundarios.

Los medicamentos movilizados por bombas en las células (sustratos de glicoproteína P).

Algunos medicamentos entran y salen de las células mediante bombas. El jengibre podría alterar el funcionamiento de estas bombas y la cantidad de medicamento que permanece en el organismo. En algunos casos, esto podría alterar los efectos y los efectos secundarios de un medicamento.

Dosificación

El jengibre se consume comúnmente en alimentos y como saborizante en bebidas. Como medicamento, está disponible en diversas presentaciones, como tés, jarabes, cápsulas y extractos líquidos. Los adultos lo han usado con mayor frecuencia en dosis de 0,5 a 3 gramos por vía oral al día durante un máximo de 12 semanas. También está disponible en geles tópicos, ungüentos y aceites esenciales de aromaterapia.

10

Conclusiones y últimos estudios

El jengibre (Zingiber officinale Roscoe, Zingibera-cae) es una planta medicinal ampliamente utilizada en la medicina herbal china, ayurvédica y tibb-unani en todo el mundo desde la antigüedad. Se emplea para añadir un sabor intenso a las comidas y como medicina herbal para problemas de salud comunes.

Según se informa, el jengibre ha sido eficaz en la mayoría de los estudios, incluyendo aquellos que examinaron el alivio de las náuseas y vómitos (NVP), la función digestiva, la mejora en el nivel de expresión de marcadores de riesgo de cáncer colorrectal y las funciones antiinflamatorias.

Esta planta se ha utilizado para tratar diversas dolencias, como artritis, reumatismo, esguinces, dolores musculares, dolores de garganta, calambres, estreñimiento, indigestión, vómitos, hipertensión, demencia, fiebre, enfermedades infecciosas y helmintiasis.

Actualmente, existe un renovado interés en el jengibre y se han llevado a cabo diversas investigaciones científicas para aislar e identificar sus componentes activos, verificar científicamente sus acciones farmacológicas y sus componentes, y completar las bases de su uso en diversas enfermedades y afecciones. Este libro revisa los informes recientes más destacados sobre estas investigaciones.

Las principales acciones farmacológicas del jengibre y sus compuestos aislados incluyen inmunomodulación, antitumorígena, antiinflamatoria, antiapoptótica, antihiperglucémica, antilipidémica y antiemética.

Es un potente antioxidante y puede mitigar o prevenir la generación de radicales libres.

Se considera un medicamento herbal seguro con escasos e insignificantes efectos adversos.

Se requieren más estudios en animales y humanos sobre la cinética del jengibre y sus componentes, así como sobre los efectos de su consumo a largo plazo.

El jengibre posee propiedades analgésicas y farmacológicas que imitan a los fármacos antiinflamatorios no esteroideos.

Problemas deportivos

Se ha hecho incapié en determinar si la suplementación con jengibre es eficaz para atenuar el daño muscular y el dolor muscular de aparición tardía (DOMS) después del ejercicio de resistencia de alta intensidad.

Después de un período de suplementación de 5 días de placebo o 4 g de jengibre (grupos aleatorizados), 20 participantes sin entrenamiento con pesas realizaron un protocolo de ejercicio excéntrico de flexor de codo de alta intensidad para inducir daño muscular. Los marcadores asociados con el daño muscular y el DOMS (dolor muscular de aparición tardía) se midieron repetidamente antes de la suplementación y durante 4 días después del protocolo de ejercicio. El análisis de varianza de medidas repetidas reveló que el levantamiento máximo de una repetición disminuyó significativamente 24 h después del ejercicio en ambos grupos ($p < 0,005$), mejoró 48 h después del ejercicio solo en el grupo de jengibre ($p = 0,002$) y mejoró a las 72 ($p = 0,021$) y 96 h ($p = 0,044$) solo en el grupo placebo.

La creatina quinasa sanguínea aumentó significativamente en ambos grupos ($p = 0,015$), pero solo continuó aumentando en el grupo que consumió jengibre 72 ($p = 0,006$) y 96 h ($p = 0,027$) después del ejercicio. La escala visual analógica del dolor aumentó significativamente tras el ejercicio excéntrico ($p < 0,001$) y no se vio afectada por el jengibre. En conclusión, la suplementación con 4 g de jengibre puede utilizarse para acelerar la recuperación de la fuerza muscular tras el ejercicio intenso, pero no influye en los indicadores de daño muscular ni DOMS.

En la artritis reumatoide

Objetivo:

La artritis reumatoide (AR) es una enfermedad autoinmune. El objetivo de este estudio fue investigar el efecto de la suplementación con jengibre en la expresión de algunos genes intermediarios de la inmunidad y la inflamación en pacientes con AR.

Métodos:

En este ensayo clínico aleatorizado, doble ciego y controlado con placebo, setenta pacientes con AR activa fueron asignados aleatoriamente a dos grupos que recibieron 1500 mg de jengibre en polvo o placebo diariamente durante 12 semanas. La puntuación de actividad de la enfermedad y la expresión génica como factores intermediarios de la inmunidad y la inflamación, se midieron mediante PCR cuantitativa (reacción en cadena de la polimerasa) en tiempo real antes y después de la intervención.

Resultados:

Después de la intervención, la expresión de los genes FoxP3 aumentó significativamente en el grupo de jengibre y entre ambos grupos (p = 0,02). Además, la expresión de los genes T-bet y RORγt disminuyó significativamente entre ambos grupos (p < 0,05). En el grupo de jengibre, la expresión de los genes PPAR-γ aumentó significativamente (p = 0,047), pero la diferencia entre ambos grupos no fue estadísticamente significativa (p = 0,12).

La reducción en la puntuación de actividad de la enfermedad fue estadísticamente significativa tanto en el grupo de jengibre como entre ambos grupos tras la intervención.

Conclusión: Parece que el jengibre puede mejorar la AR al disminuir las manifestaciones de la enfermedad mediante el aumento de la expresión de los genes FoxP3 y la disminución de la expresión de los genes RORγt y T-bet.

En las náuseas y vómitos postoperatorios

Las náuseas y vómitos postoperatorios (NVPO) dificultan con frecuencia la realización de cirugía ambulatoria, a pesar de la gran cantidad de fármacos y regímenes antieméticos de alto coste.

El estudio se realizó para comparar la eficacia del jengibre (Zingiber officinale) añadido al ondansetrón (antagonista receptor de serotonina) en la prevención de las NVPO tras la cirugía ambulatoria.

Se realizó un estudio prospectivo, doble ciego y aleatorizado y controlado. Entre marzo de 2008 y julio de 2010, 100 pacientes adultos de ambos sexos, de 20 a 45 años, con estado físico adecuado, programados para cirugía ambulatoria, fueron asignados aleatoriamente al Grupo A [(n = 50) que recibió ondansetrón (4 mg) intravenoso y dos cápsulas de placebo] y al Grupo B [(n = 50) que recibió ondansetrón (4 mg) intravenoso y dos cápsulas de jengibre] simultáneamente una hora antes de la inducción de la anestesia general (AG) de forma doble ciego. Una cápsula de jengibre contiene 0,5 g de jengibre en polvo. Se observaron episodios de náuseas y vómitos postoperatorios a diferentes horas del postoperatorio.

Análisis estadístico y resultados:

Se encontró una diferencia estadísticamente significativa entre los grupos A y B (P < 0,05), lo que demuestra que la combinación de jengibre y ondansetrón fue superior al ondansetrón solo como régimen antiemético, tanto en frecuencia como en gravedad.

Conclusión:

La administración profiláctica de jengibre y ondansetrón redujo significativamente la incidencia de náuseas y vómitos postoperatorios, en comparación con ondansetrón solo, en pacientes sometidos a cirugía ambulatoria bajo anestesia general.

En el mareo

El jengibre se ha utilizado durante mucho tiempo como medicamento alternativo para prevenir el mareo por movimiento. Sin embargo, se desconoce su mecanismo de acción. Nuestra hipótesis es que el jengibre mejora las náuseas asociadas con el mareo por movimiento al prevenir el desarrollo de arritmias gástricas y la elevación de la vasopresina plasmática.

Trece voluntarios con antecedentes de mareo por movimiento se sometieron a una vección circular (interacción entre el sistema vestibular y la vista que provoca cambios posturales). durante la cual se evaluaron las náuseas (puntuadas de 0 a 3, es decir, de ninguna a grave), los registros electrogastrográficos y los niveles plasmáticos de vasopresina, con o sin pretratamiento con jengibre, en un estudio cruzado, doble ciego, aleatorizado y controlado con placebo. La vección circular indujo una puntuación máxima de náuseas de 2,5 ± 0,2 y aumentó la actividad taquigástrica y la vasopresina plasmática.

El pretratamiento con jengibre (1.000 y 2.000 mg) redujo las náuseas, la taquigastria y la vasopresina plasmática. El jengibre también prolongó la latencia antes de la aparición de las náuseas y acortó el tiempo de recuperación tras el cese de la vección. La infusión intravenosa de vasopresina a 0,1 y 0,2 U/min indujo náuseas y un aumento de la actividad bradigástrica; el pretratamiento con jengibre (2.000 mg) no afectó a ninguno de estos efectos. El jengibre reduce eficazmente las náuseas, la taquigástrica y la liberación de vasopresina inducida por la vección circular.

De esta manera, el jengibre podría actuar como un nuevo agente en la prevención y el tratamiento del **mareo por movimiento**.

Aunque las propiedades **antiinflamatorias** del jengibre se conocen y valoran desde hace siglos, durante los últimos 25 años numerosos laboratorios han respaldado científicamente la creencia, arraigada, de que el jengibre contiene componentes con propiedades antiinflamatorias. El descubrimiento original, a principios de la década de 1970, de los efectos inhibidores del jengibre sobre la biosíntesis de prostaglandinas se ha confirmado repetidamente. Este descubrimiento identificó al jengibre como un producto medicinal a base de hierbas que comparte propiedades farmacológicas con los antiinflamatorios no esteroideos.

El jengibre suprime la síntesis de prostaglandinas mediante la inhibición de la ciclooxigenasa-1 y la ciclooxigenasa-2. Una extensión importante de este trabajo inicial fue la observación de que el jengibre también suprime la biosíntesis de leucotrienos al inhibir la 5-lipoxigenasa. Esta propiedad farmacológica distingue al jengibre de los antiinflamatorios no esteroideos. Este descubrimiento precedió a la observación de que los inhibidores duales de la ciclooxigenasa y la 5-lipoxigenasa podrían tener un mejor perfil terapéutico y menos efectos secundarios que los antiinflamatorios no esteroideos.

La caracterización de las propiedades farmacológicas del jengibre dio un nuevo paso con el descubrimiento de que un extracto de jengibre, derivado de Zingiber officinale (familia Zingiberaceae) y Alpina galanga (familia Zingiberaceae), inhibe la inducción de varios genes implicados en la respuesta inflamatoria. Estos incluyen genes que codifican citocinas, quimiocinas y la enzima inducible ciclooxigenasa-2. Este descubrimiento proporcionó la primera evidencia de que el jengibre modula las vías bioquímicas activadas en la inflamación crónica. La identificación de las dianas moleculares de los componentes individuales del jengibre brinda la oportunidad de optimizar y estandarizar los productos de jengibre con respecto a sus efectos sobre biomarcadores específicos de la inflamación. Dichas preparaciones serán útiles para estudios en animales de experimentación y humanos.

Nota:

Debemos recordar a nuestros lectores que ni las plantas medicinales, ni los alimentos, pueden ser objeto de patentes, por lo que la industria farmacética no invierte dinero en los experimentos. Afortunadamente, las experiencias de las univesidades de medicina y la propia tradición social, han sido la base de estos conocimientos milenarios.

Índice